教育の世紀へ

親と教師に贈るメッセージ

池田大作

第三文明社　レグルス文庫 270

執筆中の著者

教育の世紀へ　目次

すべての子どもは生きる力に満ちている

「教育のための社会」を目指して

写真提供／聖教新聞社
本文レイアウト／安藤　聡

「序」に代えて

厳粛《げんしゅく》なる道！
それは
教育の道である。
それは
正しき人間の道である。

そして
それは
人間にとって

13 「世界に教育の光を」

最《もっと》も大切な
学問と人格の
向上《こうじょう》の道である。

人間が人間として
最高に目覚《めざ》めるのは
教育しかない。
教育は
知識《ちしき》の拡大《かくだい》と深化《しんか》とともに

健全《けんぜん》なる身体の鍛錬《たんれん》であり
そして
知性《ちせい》と情熱《じょうねつ》と
人格の完成への一歩である。

真正《しんせい》の人間を創《つく》りゆく
謙虚《けんきょ》にして遠大《えんだい》なる
生命の道を修得《しゅうとく》するための
教育である。

教育は
知識をポンプとして
智慧《ちえ》の泉《いずみ》を
汲《く》み出《だ》す力である。

そして常に
瑞々《みずみず》しい向上心《こうじょうしん》をもって
知力と体力と精神力を

磨《みが》き鍛《きた》えゆく場《ば》なのである

教育は
人間と人間の
友愛《ゆうあい》の　魂《たましい》　の交流である。

そこにこそ
新しき社会
文化の社会

平和の社会
人間共和《きょうわ》の社会
価値創造《かちそうぞう》の社会
そして
平和共生《きょうせい》の社会へ
進歩と発展が
成《な》し遂《と》げられるのだ。
名誉《めいよ》ある

人間の指針《ししん》を教えるのは
教育だ。
自分を
無価値にするか
価値ある人材《じんざい》にするかも
教育だ。

教育は
幸福の道だ。

教育は
平和の道だ。
教育は
正義の道だ。
そして教育は
勝利の道だ。

「教育立国」!
これが

目指《めざ》すべき
理想の国家だ。

教育こそ
人間が人間らしく
平和と文化と人類連帯《れんたい》の
最極《さいごく》の金《きん》の道を創《つく》りゆく
根幹《こんかん》である。

人材を創る。
これが教育だ。
その人材が
平和を創る。
時代を創る。

教育は
人間を人間として
平和と幸福へ導《みちび》く

唯一《ゆいいつ》の道だ。

「教育の世紀」！
それは
「人間の世紀」である。
さらに
「平和と幸福の世紀」だ。

そして

「人類の連帯の世紀」
なのである。

「平和と友愛の讃歌／世界に教育の光を」より

心の扉《とびら》を開く——生命を育《はぐく》むために

母と子

親と子には、不思議な縁《えん》がある。目に見えない、深い生命のつながりがある。「産《う》みの苦しみ」という言葉がありますが、親となるためにも、乗り越えなければならない苦しみがある。

最初から立派《りっぱ》なお母さんなどいません。実際の子どもとの触《ふ》れ合い、心の交流を通じて、愛情は深く育《はぐく》まれていくものです。だから、焦《あせ》ったりせずに、じっくりと時間をかけて子どもを見つめ、かかわっていけばよいのです。あまり神経質になって、周《まわ》りと比《くら》べたりする必要はありません。

子どもが最も安心し、だれよりも心を寄《よ》せる存在が母親です。だからこそ、自ら〝善縁《ぜんえん》〟となり、子どもの豊《ゆた》かな可能性を育んでいく大事な使命が、母親にはあるのです。

わずかな時間であったとしても、ともに語り合ったり、何かを一緒《いっしょ》に体験したり、感動し合った時間というのは、子どもの心に深く残っていくものです。何か形《かたち》にとらわれたり、特別なことを追い求める必要はありません。親から子へ、子から親へと通《かよ》い合う「心の時間」こそが大事なのです。

子どもは、いつも母親のほうを向いている。

母は太陽。母は大海。母は春風。母はひまわり。

見方を変えれば、お母さんを見つめる、子どもの明るい笑顔《えがお》もまた、ひまわりのように見える。あたかも、太陽を見つめる、ひまわりのように――。

「ひまわり」という名前の由来《ゆらい》は、花が太陽の動きについて回《まわ》ると思われていたからのようです。実際に花が咲《さ》いてからは、そういうことはないようですが、たしかにその姿は、いつも太陽のほうへ、太陽のほうへと向かっているように見えます。同じように、子どもはいつも、お母さんという太陽に向かっているのです。お母さんも、子どもとしっかり向き合うことです。

どんなお母さん方も経験《けいけん》があるでしょうが、お腹《なか》の中にいた赤ちゃんが生まれて、初めて自分の手をぎゅっと握《にぎ》りしめられた時の感動は、言葉にできないものがあったでしょう。赤ちゃんが初めて自分を見つめて笑ってくれた時、片言《かたこと》の言葉をしゃべった時、初めて自分の足で歩き始めた時……。毎日が「驚《おどろ》き」と「感動」の日々だったことでしょう。

子どもがだんだん大きくなると、そうした感動を感じることは少なくなるかもしれませんが、子どもたちは変わることなく「成長」を続けているのです。その「子どもの成長」を温《あたた》かく見守りながら、「自分もともに成長する」母親であってほしいのです。

子どもというのは、一人ひとり違《ちが》う。成長の度合いも、千差万別《せんさばんべつ》です。あまり神経質になって、一喜一憂《いっきいちゆう》すると、その不安が子どもに移《うつ》って、悪《あく》循環《じゅんかん》に陥《おちい》るということにもなりかねません。

お母さんは、少々のことには動揺《どうよう》せずに、どっしりと構《かま》えていることが大事です。心豊《ゆた》かな、広々とした境涯《きょうがい》の母親のもとでこそ、子どもはのびのびと育っていくことができる。

焦《あせ》りは禁物《きんもつ》です。体の発育や言葉の発達が多少、遅《おく》れていても、長い目で見てあげたほうがよい場合もある。あわてないで、子どもと一緒に歩《あゆ》んでいくのです。

子どもにとって、自分の成長を喜んでくれる人がいることが、どれほどの励《はげ》みになることか。「励ます」とは、「自信を持たせる」ことです。やればできるという気持ちにさせることです。

子どもというのは、きっかけさえつかめれば、驚くほど伸《の》びる場合がある。そのためには、励ます側《がわ》の根気《こんき》が必要です。「励まし続ける」こと、「周《まわ》りがあきらめない」ことです。そういう環境《かんきょう》でこそ、子どもは、自分の中にある力を、どんどん開花させていくことができる。

親は、子どもの揺《ゆ》れる心を敏感《びんかん》にキャッチして、自発的《じはつてき》に成長の軌道《きどう》に乗れるように、上手《じょうず》に励ましてあげるのです。

母親の温かい「まなざし」は、子どもへの信頼感の表れでもあります。

お母さんの温かいまなざしが、子どもの命の「居場所《いばしょ》」をつくることになるのです。

負けないお母さんが、〝負けない子ども〟を育てます。お母さんの強い心が、子どもの〝強い心〟をつくります。お母さんの優《やさ》しさが、子どもの〝優しさ〟を育《はぐく》むのです。

家庭教育

一番、身近にいる母親は、子どもにとって「最初《さいしょ》の教師《きょうし》」です。ユダヤの諺《ことわざ》には、「母親の教育は、百人の教師に勝《まさ》る」とあります。

子どもが安心して成長していけるよう、知恵《ちえ》を働かせ、大きく包《つつ》んでいる母親の愛情は、人生の重大な岐路《きろ》で生きるものです。人間愛は人間愛の中でこそ育《はぐく》まれ、家族は人間愛を呼吸して成長していくものです。

家庭はさまざまです。一つとして、同じ家庭などありえない。わが家はわが家らしく、わが子を心から信頼し、社会に開かれた「創造家庭《そうぞうかてい》」を築《きず》いていく。社会で最小の、しかし大きく時代を変えていく、最大に影響《えいきょう》力《りょく》ある「創造学校」になるのです。

幼児の心の世界は、実に純粋《じゅんすい》です。母親や周囲《しゅうい》の大人たちの言動というものを、そのまま受け入れがちであり、その吸収力はすごいものがあります。そして、いったん心の中に刻《きざ》まれた経験が、物事を理解する上での基準《きじゅん》として銘記《めいき》されていくのです。

真剣に何かに打ち込《こ》む親の姿を見ながら、子どものほうが自然に興味や関心を抱《いだ》いていく。その姿から、何かを学んでいく――それが家庭教育の根本となるものです。

〝どうして、お母さんはあんなに一生懸命《いっしょうけんめい》なんだろう？〟〝ああしている時のお母さんは、本当に楽しそうだな〟と、母親の表情や声の調子から、子どもは敏感《びんかん》に感じ取って、知らず知らずのうちに、「生き方」の骨格《こっかく》が築《きず》かれていくものなのです。

大事なのは「子どもに尊敬《そんけい》されているかどうか」です。〝うちのお母さんは、人のため、社会のために、毎日、頑張《がんば》っているんだ〟と、誇《ほこ》りを持てるよう、子どもに語ってあげてもらいたい。そして「愛情が伝わっているかどうか」です。〝お母さんは、私たちを愛しているからこそ、一家の幸せのために頑張っているんだ〟と。

「優《やさ》しいお母さん」であってもらいたい。時間がない分、メモや電話で連絡《れんらく》をマメにとるとか、時には、たっぷりと一緒に過《す》ごす日をつくるとか、工夫《くふう》できるはずだし、知恵が出るはずです。「心」が通じる工夫をするのです。毎朝、目を見て、きちんとあいさつを交《か》わすだけでも、ずいぶん違《ちが》うものです。

子どもは決して親の所有物ではありません。一個の人格《じんかく》です。小さくとも〝対等な人格〟の持ち主であり、尊敬《そんけい》すべき存在です。
ゆえに「自立させる」ことが大切です。家庭教育の根本は、「自立させるための教育」にあると言えるのではないでしょうか。

子どもは違った世界に触《ふ》れれば、本来、自分なりに何かを感じ、吸収していく力を持っています。子どもには、旺盛《おうせい》な好奇心が備《そな》わっている。親は、その「伸《の》びる力」を、そっと後押ししてあげればよいのです。

どんな世界であれ、勉強と努力なくして一流にはなれません。華《はな》やかに見えるスポーツや、音楽といった世界でも同じです。もちろん、学校の勉強だけが、勉強ではない。人それぞれ、得意や不得意もある。しかし「学ぼう」「勉強しよう」という心を持ち続けることが大切です。勉強ができる人が偉《えら》いのではない。「勉強しようという心」を持ち続ける人こそ、偉いのです。

ですから、お母さんは、子どもの成績に一喜一憂《いっきいちゆう》するよりも、子どもの「学ぼうとする心」を引き出し、讃《たた》えてあげてほしい。「お前はだめだ」とか「どうして、こんなことも分《わ》からないの」などと、絶対に言ってはいけません。大事なのは、「やる気」を引き出すこと。やればできるという自信をつけさせることです。「お母さんがしっかり見守ってあげるから、あなたは安心して勉強しなさい」と、温かく包容《ほうよう》し、励《はげ》ましていくことが大事です。押しつけてはいけない。「引き出す」のです。命令はいけない。「励ます」のです。

農業に携《たずさ》わる人が豊《ゆた》かな実りを願って種を蒔《ま》くように、「読み聞かせ」

をする時や子どもたちに語りかける時には、「どうか、すこやかに成長してほしい」「どこまでも可能性を伸ばし、夢《ゆめ》を実現してほしい」と、〝種蒔く人の祈《いの》り〟を込《こ》めていくことが大切ではないでしょうか。「自分のことを信じてくれている」「思ってくれている」という安心感こそが、子どもの成長の一切の基盤となるのです。

親と子の間に「信頼」と「安心」のパイプがつながった時、ちょうど、気球《ききゅう》にガスが注《そそ》ぎ込まれるように、子どもの心はどんどんふくらんでいきます。そして、いっぱいになると、自然にフワリと大空《おおぞら》に上がっていきます。子どもたちには、もともと上昇《じょうしょう》していく力があるのです。本来、持っているのです。〝よい子〟だとか〝悪い子〟だとか決めつけるのでなく、「あなたは、あなたのままでいい」「ありのままでいい」と、子どもたちの存在そのものを認めてあげることです。それでいいのです。

大人の側《がわ》が、寄《よ》りそって、ちょっと援助してあげれば、どこか心の深い所で、バランスがとれるのでしょう。子どもの中から、無限の力がわき上がってくるのです。

家庭には、子どもを社会の荒波《あらなみ》から守る面と、社会に適応《てきおう》できるように子どもを育《はぐく》んでいく側面がありますが、守ってばかりでは過保護《かほご》となって、社会化できない。反対にこうしなければいけないと社会化にばかり傾《かたむ》けば、個《こ》としての自立がそこなわれますし、時には反発さえ買いかねない。

大事なことは、子どもとともに、親も成長していくことです。同じ人間として、悩み苦しみながらも、困難を乗り越えていこうと挑戦《ちょうせん》している親の生きざまを、率直《そっちょく》に示していくことです。そうすれば、子どもも安心して伸びていける。「挑戦の心」が伝染《でんせん》します。

父母には本来、子を護《まも》る力が備《そな》わっています。親が真剣になれば、子どものの生命の奥底《おうてい》を揺《ゆ》さぶらないはずがないのです。
大切なのは、子どものことを絶対に忘れないこと、最大に子どものことを思っていくことです。それが子どもの心に刻《きざ》まれ、大きくなってから生きてくる。愛情に勝《まさ》る家庭教育はないのです。

親の愛を求めていない子はいません。親が信じてあげなければ、だれが信じてあげられるでしょう。叱《しか》らなければいけない場合でも、「父母が同時には叱らない」ことです。父母が同時に叱ったら、子どもは行き場がなくなってしまいます。また、「他の兄弟や、よその子どもと比《くら》べない」ことです。
なにげない一言《ひとこと》に、子どもは深く傷《きず》つくものです。今は、人の子の親にとって、難《むずか》しい時代ですが、なんとか工夫《くふう》して、子どもと「心と心のギア」を、かみ合わせて、乗り切っていってほしいと思います。どんな子も、全員が、一人残らず、「二十一世紀の宝《たから》」なのですから！

家庭であれ、学校であれ、社会であれ、人間の生活が円滑《えんかつ》に運営されるためには、必ずルールがあります。「名月を　取ってくれろと　泣く子哉《かな》」（小林一茶）の状態を脱《だっ》し、そのルールにしたがって、どう自分のわがままや欲望《よくぼう》をコントロールしていけるかどうかに、人間の成熟《せいじゅく》はかかっています。

そのルールを、身をもって教えていく責任は、母親以上に父親の双肩《そうけん》に担《にな》われていくでしょう。

苦労を惜《お》しんで、小手先で何とかしようとしたり、子どもを操作《そうさ》しようとすれば、必ず行き詰《づ》まります。自分では意識していなくても、心のどこかに、「どうせ子どもだから」などという傲慢《ごうまん》さがあれば、子どもはそれを感じ取ります。子どもは敏感《びんかん》です。生命のレーダーで、大人の心を、そのまま写し取ってしまうのです。

子どもの中には立派《りっぱ》な大人がある。一個の人格として尊重していくことです。逆《ぎゃく》に言えば、どこまでも真心を傾《かたむ》け、愛情を注いでいけば、たとえそれが不器用《ぶきよう》であっても、子どもは必ず応《こた》えてくれる。苦労があるからこそ、親が人間として成長できる。「育てる」ほうも、「育てられる」のです。

牧口先生は、「学校は他人のものではなくて、我《わ》がものだという自覚を以《もっ》て無益《むえき》な遠慮《えんりょ》は為《せ》ぬことである」と言っている。これは、国や政治家などに握《にぎ》られ、国家主義に子どもを駆《か》り立てていく教育を、教師と父母の手に取り戻そうとする牧口先生の信念が込められている。

「子どもの幸福」を最も願うものが、力を合わせて、よりよい教育をつくりあげていくべきだ、と。その当事者が親であり、教師である。ですから、教師や親が責任をなすりつけ合うところからは何も生まれない。

教師は、生徒をわが子と思い、情熱《じょうねつ》と確信をもって育てていく。親は親で、すべて学校任《まか》せにしてはいけない。「子どもの幸福」という一点を見つめて、協力関係を培《つちか》っていくのが正しい道だと思う。

「ほめる」こと

欠点を指摘《してき》するよりも、長所を見つけ出してほめてあげること――これは、人を育てる際《さい》の鉄則《てっそく》です。

どんな子どもでも、その子ならではの個性と何らかの長所を必ず持っているものです。そこに〝追い風〟を送ってあげると、才能の芽《め》は急速に開花し、人格的な面でも、驚《おどろ》くほどの成長を見せる例がしばしばあります。

子どもたちの可能性は、もっともっと幅《はば》広く見ていくべきであり、あたら才能の芽をつむようなことがあってはならない。ゆえに、若者たちに、こう訴《うった》えています。「われには、われのみの使命がある。君にも、君でなければできない使命がある」と。

「ほめて長所を伸ばすこと」と「克服《こくふく》すべき欠点を自覚させること」の両方が、バランスよくかみ合ってこそ、一人ひとりの能力を最大限に引き出すことができる。

お子さんは、まず、「ほめてあげる」ことが大事です。せっかく、お母さんが家に帰ってきたのに、すぐに「靴《くつ》が脱《ぬ》ぎっぱなしよ！」「勉強はやったの！」では、味もそっけもありません。

たとえ、勉強していなくても、「いいのよ、いつも頑張っているんだから」とか、「きょうぐらいは、ゆっくりとテレビでも見たらどう」とか、ユーモアをもって、楽しく、大きく包《つつ》んでいくことも大事ではないでしょうか。

いつもいつも直進だけだと、交通事故を起こしてしまいます。たまには、ゆっくりと歩いたり、バックして反対に進んだり――そういうことも必要なのです。

ほめることとお世辞《せじ》は違う。ほめることとは、可能性を引き出すことです。そのやる気というのは、本人がやろうと自覚した時にしか生まれない。そのやる気を出すようにするのが、両親、教師の役目です。

それと、叱《しか》ることは、怒《おこ》ることとは違う。叱るというのは、言い聞かせることです。怒ってばかりいて、子どものやる気をなくさせては愚《おろ》かです。ほめることも、叱ることも、どちらも、子どものことを本当に思っていないとできません。

すべての子どもは生まれながらに尊厳

子どもは大人社会の鏡《かがみ》

子どもたちは皆、かけがえのない「可能性《かのうせい》」を持った「宝《たから》の人びと」です。一人ひとりが、「希望」の存在です。生命には希望が、いっぱい詰《つ》まっています。もしも、子どもたちの中に息づく希望を、傷《きず》つけたり、窒《ちっ》息《そく》させたりするようなことがあれば、それは大人の責任ではないでしょうか。

子どもは、大人の社会を映《うつ》す鏡の存在です。大人たちが曇《くも》っていたり、病《や》んでいれば、子どもたちも病んでくるのです。すべての子どもたちから、悲しみの涙《なみだ》をぬぐい去りましょう！　子どもたちを守り、勇気と、力と、生命を与えていくのです。人類の「希望」である子どもたちを育《はぐく》んでいるのが、お母さんなのです。何と、尊《とうと》いことか。どれほど、大きな使命と責任があることか。

子どもたちは「未来の宝」です。未来を照《て》らす「太陽」です。その太陽が苦しみや不幸の淵《ふち》に沈《しず》んだままでは、未来は明るく輝《かがや》くことはできません。

子どもと向き合い、その心を覆《おお》っている闇《やみ》を晴らしていくのが大人たちの責任です。なかでも教師は、真正面から子どもと向き合ってほしい。子どもの成長のためなら、何でもする――この心が、大切なのです。

子どもに絶対の信頼を置いた「人間観」が、今、社会に求められていま す。東洋の英知は、本来、あらゆる人に、かけがえのない尊貴《そんき》なものを見いだしていくことを教えています。子どもたちは皆、「無上の宝《たから》」を持っているのです。

皆さんの中には、すばらしい〝宝〟が眠《ねむ》っている。どんな人の中にも、その人ならではの個性輝《かがや》く〝力〟がひそんでいる。それを引き出すのが、「読む力」「書く力」であり「考える力」です。

不幸や、悲しみに沈《しず》んだ子どもは、自分に自信が持てず、自分の中にあるすばらしい宝が見えなくなってしまうものです。そのままでは、子どもは、やがて、卑屈《ひくつ》になり、自暴自棄《じぼうじき》になり、自分で自分を傷つけ、人を傷つけるような行為に走ってしまうことが多い。

自分の尊《とうと》さが分《わ》からないから、ほかの人の尊さも分からなくなってしまう。自分自身が、どれだけすばらしい存在であるか。いかに、計《はか》り知れない可能性を持っているか。子どもに、それを気づかせ、目覚めさせていくのが、教育の根本の使命と言ってよい。

常に立ち返るべき原点は「自分自身」であり、「生命それ自体」である。人間が人間らしく生き、人間らしく生命を輝《かがや》かせていく。これ以上のことはない。そこに初めて、人間らしく「幸福」と「平和」と「自然との共生《きょうせい》」を実現していける。一切の科学や技術の進歩も、そのためにある。

だれもが、宇宙《うちゅう》の無限の力を秘《ひ》めた「小宇宙」です。だから、あの「太陽」も、自分の中にある。輝く「銀河《ぎんが》」もある。星々をわたりゆく無数の光が、この胸の中にある。「内なる宇宙」も無限です。

子どもの表面だけにとらわれないで、「心」という〝根《ね》っこ〟を見なければならない。木を見る時、人は普通、枝ぶりや葉の茂《しげ》り方を見るでしょう。しかし、根っこがしっかりと張《は》ってこそ、立派な大樹《たいじゅ》となることができる。同じように、心がしっかりと安定してこそ、子どもは力が発揮《はっき》できるのです。

教育は、人生に勝利するためにあるのです。頭脳《ずのう》だけ利口《りこう》になっても、人生の苦難に打ち勝っていけるわけではありません。知識を多く持っている人が、偉いのか。決してそうではありません。

知識も、お金も、「手段《しゅだん》」です。「目的」ではない。それは善にも悪にもなりうる。それを使って、善《よ》いこともできれば、悪いこともできるからです。知識がたくさんあるから、幸せになれるわけではない。お金がたくさんあるから、幸せになれるわけでもない。

このことをはき違えてしまうことによって、多くの不幸も生じているのです。知識より、知恵です。その知恵を子どもたちが持てるかどうかにかかっています。知識を善のために生かし切っていけるだけの、「強い心」と「他者《たしゃ》への愛情」を育てていかなければなりません。

「生命」に序列《じょれつ》はない。だれもが「生命」を持っている。男女の違いもない。皮膚《ひふ》の色の違いもなければ、貴賤《きせん》上下の差別も一切ない。民族の違いもない。一切、平等である。

人を差別することは、自分の生命を差別することになる。人を傷《きず》つければ、自分の生命が傷つく。人を尊敬することは、自分の生命を高めることになる。

子どもの心

子どもとの約束《やくそく》は、絶対に守《まも》らなければいけない。

「子どもだから」と、約束を軽《かろ》んじるようなことがあってはならない。

「子どもだからこそ」約束を絶対に守らなければいけない。

大人からすれば、ささいに見えることでも、子どもにとっては大切な約束です。大人が約束を守れば、子どもも約束を守る。これがお互いの信頼の第一歩です。すべては、子どもを「一個の人格」として尊重するところから始まる。

どんなに小さい子どもであろうと、子どもと思ってはいけません。子どもの中にも、きちっと大人の部分がある。かけがえのない一個《いっこ》の人格なのだということを忘れてはいけません。

そうでなければ、教育も間違った方向に向かってしまう。「成長させる」のでもなく、「伸《の》ばす」のでもない。主役はあくまでも子どもたちです。「一緒に成長」し、「一緒に伸びる」ように、心がけていくべきです。

子どもたちは、常に未来に生きています。未来の世界から、大人たちを見つめているのです。そして、大人たちの生き方の核心《かくしん》を選びとり、精神性の遺産《いさん》として未来へ運んでいくのです。ゆえに、子どもたちの成長は、大人たちの成長いかんにかかっていると言えるかもしれません。

教育とは子どもたちのために何ができるかという、自らの生き方をかけた、大人たちの挑戦《ちょうせん》にほかならないのです。

子どもは、大人が「ちょっと難《むずか》しいかな」と思うようなことでも、かなり理解できる。じっくり、ていねいに、子どもたちにも分《わ》かるような言葉で語りかけていくことです。

子どもを「子どもだから」と決《き》めつけてしまえば、子どもの心は分からない。子どもとの間に壁《かべ》ができるからです。子どもを「一個の人間」として見た時に、初めて子どもの心が見えてくるのです。

「この生徒は、こういう生徒だ」と決めつけてしまえば、それは教師にとって楽《らく》かもしれない。しかし、それでは子どもの本当の姿《すがた》が見えなくなってしまう。生徒が持っている宝《たから》のような可能性を踏みにじることにもなりかねない。絶対に、そのようなことがあってはなりません。
この子のよいところは何だろう――そのような目で子どもを見て、そして接していく。こちら側《がわ》の心の大きさ、豊かさが、最後はものをいうのです。子どもにとっても「自分を分かってくれる先生がいる」のは、最も安心でき、最も成長していける環境となります。

子どもたちを、どのように高い「目的意識」に目覚《めざ》めさせていけるかです。「何のために」勉強するかという目標が曖昧《あいまい》だと、なかなか努力を続けていくことはできません。本気で目標を目指すようになれば、子どもは気持ちが純粋《じゅんすい》ですから、本当にすごい力を出すものです。
あとは、温かく見守り、励《はげ》まし、支え、前進する手助けをしてあげることです。ここが、親や教育者の心すべき点です。よい教師というのは、触《しょく》発《はつ》を与え、「内なる力」を発揮《はっき》させるものです。

自分を「チリ」のような小さな存在のように感じる時があるかもしれない。しかし、断《だん》じて、そうではない。一つの微塵《みじん》、一つの原子の中にも、巨大な可能性が秘《ひ》められている。それが宇宙の実相《じっそう》である。一人残らず、かけがえのない使命の人である。そう自分で決めることである。

その確信と自覚が、自分の中にある無限のパワーを解放する。人間は、核となる「一念」しだいで、何でもできる。考えられないほどの力がわいてくる。

どんな分野であれ、高い目標を目指して頑張っていけば、必ず、すべてに通じていくものです。努力すること。耐《た》えること。あきらめないこと。弱い自分に打ち勝つこと。人生にとって必要な、そうした一切が含まれていく。なんであれ、徹《てっ》することです。徹した人には、かなわない。

道を歩く時も、下ばっかり見ていたら、かえって道に迷《まよ》ってしまう。大きな目印《めじるし》になるものを見つめて、それを目あてに進めば正しい方向に行ける。また山の上から広々と見わたせば、行くべき道が分かってくる。

人生も、それと同じで、小さいところから、ものごとを見て、小さいことにとらわれていると、悩みの沼《ぬま》に足をとられて、前へ進めなくなってしまう。克服《こくふく》できる問題でさえ克服できなくなる。大きいところから、ものごとを見ていけば、いろいろな問題も、おのずと解決の道が見えてくるものです。これは個人の人生でもそうだし、社会と世界の未来を考えてもそうです。

「使命」とは、決して人から与えられるものでもなければ、あらかじめだれかによって決められるものでもない。自分で決め、自分で定めていくものです。単なる「義務」でもなく、だれかから頼まれるような「仕事」とは、別次元《べつじげん》のものです。

教育も子育ても、時間のかかる作業です。一生懸命取り組んでも、その結果がすぐに表れないかもしれない。でも、子どもたちに幸福の種《たね》を植《う》え、その心を豊かに耕《たがや》した事実は残ります。この〝労苦〟は、すべての子どもたちの〝宝《たから》〟として実っていくのです。

いじめ・暴力

「いじめられている」側《がわ》は、全然《ぜんぜん》、「どこも悪くない」。

「いじめている」側が、百パーセント悪い。千パーセント悪い。

いじめられている側に問題があるのではない。「原因」は、いじめている側の「心の中」にあるのです。

子どもたちに伝えようではありませんか。

「悪に抵抗しなさい。麻薬《まやく》にも、暴力にも、悪の誘惑《ゆうわく》に対しては毅然《きぜん》と『ノー！』と言いなさい。自分自身を大切に扱う人に対してでなければ、他人は敬意を示してくれません。そして、自分を大切に扱う人だけが、他人をも大切に扱えるのです」と。

悪を見ながら黙《だま》っているのは、悪の味方になることです。「善《よ》いことをしない」のは「悪いことをする」のと結果として同じです。あなたが、一つの悪を見のがすたびに、一つの悪の草は、はびこります。

何かあると、すぐに人を責《せ》める。人のせいにする。それは「自分を見つめる勇気」がないからです。そこから、暴力も起きる。いじめも起きる。

人間は人間です。野獣《やじゅう》ではない。機械でもない。「弱きを助け、強きをくじく」という言葉がありますが、それが〝正義の味方〟です。〝人間の味方〟です。社会の中に、そういう人間愛がなくなっていくと、野獣《やじゅう》的な暴力主義が広がっていく。今の日本も、本当に心配です。

私たち大人には、子どもたちを守り抜く責任があります。「生命の尊厳《そんげん》」を人権の根本、教育の中核《ちゅうかく》としていくとともに、新しき時代の人類精神として後世に伝えていく使命があります。

いじめや悪への衝動《しょうどう》は、もともと人間生命のはたらきの中に、本然《ほんねん》的に備《そな》わっているものです。それを完全に取り除いてしまうことなどできはしません。大切なことは、自己の内面を陶冶《とうや》することです。換言《かんげん》すれば、暴《あば》れ馬のような暗い衝動に引きずられず、どう自分をコントロールするか、ということです。

教育相談の中では、不登校の占《し》める割合が最も多く、そのきっかけの半数近くになっているのがいじめであると報告されています。
社会全体が今まで以上に関心をもって、いじめや暴力といった問題に立ち向かわねばなりません。「いじめや暴力は絶対に許さない」という気風《きふう》を確立し、社会に広がる「無関心」や「シニシズム（冷笑主義《れいしょう》）」の風潮《ふうちょう》を改めていく必要があります。

学校は本来、「学び」の場である。人格をつくる「教育」の場である。それであるのに、互いを侮辱《ぶじょく》したり、なぐったりするのは最低である。畜《ちく》生《しょう》の心である。日本で、また世界で、学びの場がそうなってしまえば、人類の未来は、暴力の世界になってしまう。

大人社会の反映《はんえい》が子ども社会です。無責任であったり、傍観者《ぼうかんしゃ》を決め込んだり、目の前に起きていることに、かかわろうとしません。人間の道を踏み外しているのは、大人たちだという子どもの声なき叫《さけ》びを、社会全体で真摯《しんし》に受け止めたいものです。

その子が一番、何に苦しんでいるのか。まず、そこに目を向けてあげることです。そのうえで、確《たし》かな人生の方向性を教えてあげることが大切です。飛行機だって方角を見失ったままでは、目的地に着くことはできない。

いつまで経《た》っても、灰色の雲の中で迷《まよ》い続けることになる。
子どもは、自分で飛び立つ力は持っている。それを引き出し、方向づけてあげるのが、「親の愛情」であり、「教育」と言えるのではないでしょうか。今の子どもたちは、エネルギーのやり場がない所に追いやられていることが多い。それではあまりにも子どもがかわいそうです。それが高《こう》じると、子どもたちを、暴力や犯罪《はんざい》へと走らせてしまう原因にもなりかねません。

だれでもいい、そばにいてあげることです。一緒《いっしょ》にいて、話を聞いてあげる。一言でも励《はげ》ましてあげる。それによって、苦しんでいる心に、パッと〝生〟の火がともる。「自分のことを思ってくれる人がいる」――その手応《てごた》えが、苦悩の人の生命空間を、すっと広げてくれるのです。

他人や世界と〝ともにある〟という実感があれば、必ず立ち上がることができるのです。それが生命の持っている力です。だから、「善《よ》き縁」が大事なのです。

悩《なや》んでいる人は「聞いてもらう」だけで、ぐっと心が軽くなるものです。自分の話を親身《しんみ》になって「聞いてくれる」。そのこと自体が、生きる励ましになっていくのです。

人権といっても、それは、「一人」の人間を大切にし、眼前の悪を正していくことから始まる。

人間が人間であることの権利、また義務を守るのは、定められた規範《きはん》があるからといった〝外在的な理由〟ではない。他の人びとが人間らしい生活を送ることを脅《おびや》かされている状態を、同じ人間として見過ごすことはできないという、やむにやまれぬ〝内発的な精神〟に支えられてこそ、はじめて人権は分かつことのできない普遍的《ふへんてき》な（自他ともの）拠《よ》り所になっていくのです。

外国人を「同じ人間」として見られない。それは心が貧《まず》しいからです。自分が「人間として」どう生きるかという哲学《てつがく》を持っていないからです。哲学を学ばず、目先しか見ていない。欲望のままに貪《むさぼ》る心、強い者にはへつらい、弱い者にはいじめる心、その悪根性でできあがった社会であるから、人を差別する心、人権を無視《むし》する社会ができてしまう。

大事なのは「人間として」生きることです。それなのに、多くの日本人は、人間として生きる前に、日本人として発想してしまう。心の狭い島国《しまぐに》根性《こんじょう》です。少しでも「異質」だと思うと、排除《はいじょ》したり攻撃《こうげき》したりする。その閉鎖《へいさ》性が、国際的にも孤立《こりつ》を招いているのです。

「平和」とは「戦争がない」というだけの状態ではない。「平和」とは「人間一人ひとりが輝《かがや》いている」「人権が大切にされている」社会のことなのです。

大人は、すぐに人を上下で見る。平等に見られない。それが、子どもにも投影《とうえい》されている。弱い者に対しては、優越感《ゆうえつかん》を持とうと、おごり高ぶる。強い者に対してはへつらう。子どもがそのようになったら大変です。弱者に対する思いやりを育《はぐく》むことが、教育の最大の目的の一つです。

すべての子どもは生きる力に満ちている

努力

わが人生を勝ち抜く「根幹《こんかん》」は、いったい何か。それは、「希望」です。どこまでも希望に生き抜くことです。そして「忍耐《にんたい》」です。どこまでも耐える力です。そして「努力また努力」。さらに「自らの使命を忘れない」ことです。この人は、精神の上では、すでに勝っているのです。

勝つためには「徹《てっ》し抜く」ことである。「私はこの道を征《ゆ》く！」と。それぞれの選《えら》んだ進路で「努力して、繁栄《はんえい》を！」「努力して、建設を！」「努力して、勝利を！」と。
努力――人生、これしかない。どんなに頭がよくても、それだけでは、いつ、どうなるか、分からない。

今までがどうあれ、未来をつくるのは自分自身の「心」です。環境《かんきょう》がどうであれ、希望を生み出していくのも、周囲《しゅうい》を変えていくのも、これまた自分自身の「心」ではないでしょうか。

二十一世紀をどうつくっていくか。一切の焦点《しょうてん》は、ここにある。「人間」をつくる以外にない。「二十一世紀の人材を育てる」ことが、「二十一世紀の希望」を育てることである。

子ども時代とは、まさに〝人生の朝〟といえます。その大切な時期にどんな種子《たね》を植え、どんな光を注《そそ》いでいくのか。それで人生は大きく変わっていきます。

教育は「今日」の社会悪を正していく力です。また教育は「明日」の精神的リーダーを成長させていく力です。そして、教育は「夢《ゆめ》」を「現実」に変えていく力です。

社会が悪い場合、夢が実現できないこともある。さらに宿命的な問題で――凡夫《ぼんぷ》では見えない、さまざまな問題で、夢が実現できないこともある。

夢はかなわない場合があるかもしれないけれど、それでも、夢を持って生きることです。これが本当の青春であり、成長していく人生の証《あかし》です。

何にも努力しなかったら、夢は夢で終わってしまう。夢と現実を結ぶ橋は「努力」です。努力する人は希望がわいてくる。希望とは、努力から生まれるのです。

希望は、精神の「強さ」から生まれる。「心が強い」人は、未来を明るく描くことができる。どんな苦しい状況の中でも「何とかしてみせる」と楽観して生きていける。心の弱い人は、未来を悲観してしまう。悲観すると、パワーは出ない。出ないから、ますます状況が悪くなり、ますます悲観してしまう。悪循環《あくじゅんかん》です。

自分を向上させる「本当の夢」でなければ、単なる、わがままであり、自分のエゴになりかねない。自分のはかない願いにすぎない。

「本当の夢」には幸福がある。正義《せいぎ》がある。人のためになる。平和がある。

「幸福」「正義」「人のため」「平和」――この延長線上につくり上げたもの、

描いたものが、「本当の夢」である。

学ぶ心

何があろうと、自分は「学び抜く」「学び切る」と心を決めた人には、行き詰《づ》まりはありません。だれも、かないません。学ぶ人の「心の窓」は、大宇宙のロマンにも、生命の神秘《しんぴ》にも、科学の謎《なぞ》にも、悠久《ゆうきゅう》の歴史にも、自由自在に開かれているからです。

今の自分のなすべきことに挑戦《ちょうせん》することです。今の課題から逃げてはいけない。その「挑戦」と「努力」のなかに、「強さ」は自然とつくられていく。「力」があれば「自由」になれるのです。

自由自在に活躍するためには、力をつけなければならない。強くならなければならない。そのためには、自分を不自由の立場に置いてでも懸命に鍛錬《たんれん》しなければならない時がある。

鍛錬によって人は、自らを縛《しば》る自分の欠点から解放される。自分自身を鍛錬し、培《つちか》った力こそが、自身の勝利を支える土台となる。〝鍛錬が人を自由にする〟のである。

どんな時でも、どんな場所でも、勉強はできる。やるか、やらないかは「自分」で決まる。よく私の恩師も言っていた。「一番、勉強できたのは、電車の中と、トイレの中である。その気があれば、どこでもできる」と。「あと五分、頑張ろう」「あと十分、頑張ろう」。それを繰り返せる人が勝つ。粘《ねば》り強い努力の人が、必ず、自分らしい使命の花を咲かせていける。

学校だけではない。何でもそうです。「受け身」になったら、どんな自由な世界であっても「不自由」な自分になる。逆《ぎゃく》に「攻《せ》め」の姿勢《しせい》になれば、どんなに不自由な環境であっても「自由」を味わえる。

人であれ、団体であれ、国であれ、他者から「学ぼう」という、謙虚《けんきょ》にして新鮮な息吹《いぶき》があるところは強い。そこには前進への啓発《けいはつ》があり、あらたな活路を開く知恵がわいてくるからだ。

きょう決意して、あした挫《くじ》けたら、あさってまた立ち上がればよい。現実の上に、努力した証拠《しょうこ》を残すことです。証拠を残して、初めて挑戦と言える。そして、みんなが「幸福の人」になっていただきたい。「勝利の人」になっていただきたい。

幸福な人は「強い人」です。強い人は「正しい人」です。正しい人は「愉快《ゆかい》な人」です。愉快な人は「楽しい人」です。楽しい人は「勝利の人」です。全部つながっています。

読書が学校教育にとって大切なのは、読書経験を通して、子どもたち自身の「問いかけ」を大切に育《はぐく》みながら、時間をかけて自分を見つめ直し、自分の力で「答え」を探《さが》し出す力を育んでいくことにある。

「学ぶ楽しさ」と「成長する喜び」を経験させてあげることが、教育にとって最も大切なことです。

一度でもそれを味わうことができれば、子どもは自分でどんどん伸びていくことができる。自分の持っている力と、そのすばらしさに気づかせてあげることです。

子ども時代の大切さは、いくら強調してもしすぎることはありません。人間は、子ども時代に、大変な勢《いきお》いで、ありとあらゆるものを学び、吸収します。そして、その間に、〝心の大地〟を耕《たがや》し、人生の基盤をつくるのです。

ロシアの文豪《ぶんごう》トルストイいわく、「精神の核《かく》を磨《みが》けば磨くほど、真の生命の法則が、より明確に分《わ》かるようになる」と。精神を磨く――そのための勉強であり、スポーツです。すべてが自分自身を磨く挑戦《ちょうせん》なのです。

子どもの頃に体を鍛《きた》えることは、本当に大事なことです。最近の世の中は、勉強のことばかり強調されがちですが、健康で、丈夫《じょうぶ》な体をつくることが、大切な基本です。いくら頭がよくても、体が弱ければ、大きくなってから、本当につらい思いをするものです。

自然の中で、何時間も過ごしたり、実際に身体《からだ》を動かして何かをするといった「直接体験」は、子どもにとって何よりも重要なものでしょう。人間、「肌身《はだみ》で感じる」「生命で感じる」といった経験を通してしか、学べないものがある。単なる知識だけなら、本を読んだりして、一人でいくらでも学べるかもしれないが、人間にとって最も大切な「生きる力」というのは、自発的な体験や、人と人との触《ふ》れ合いのなかでこそ養《やしな》われるものだからです。

今の日本で、文学は生活から遠い位置に追いやられている。単に「試験のために読んでおかなければならない」ような存在になっている。それでは、あまりにも心が貧《まず》しい。「文学と自分自身を交流させる」すばらしさを、もっと教えることが必要です。

人生は、一生涯《いっしょうがい》、探求です。「人間とは何か」「よき人生とは何か」――その探求の旅の伴侶《はんりょ》が文学なのです。

勇気

心の中に、思いやりや立派《りっぱ》な考え、すばらしい希望を持っていたとしても、それを実行する勇気がなければ、現実には何も実を結ばない。結局、心に何もなかった人と同じにさえなってしまいます。

勇気が大事です。勇気は、正しい人生を生きるための「原動力」であり、「エンジン」なのです。

勇気がなければ、悪と戦《たたか》えない。それでは結局、悪を温存《おんぞん》し、はびこらせてしまう。青年が勇気をなくしたら、もはや、青年ではない。青年は「勇気の皇帝《こうてい》」である。「平和の皇帝」である。若いというだけで、すでに、無限の財産と希望を持つ皇帝なのである。ゆえに、「あの青年は気持ちいいな！」「あの青年は素敵《すてき》だな！」——周囲の人びとにこう思わせる、凛々《りんりん》とした勇気の声を響《ひび》かせていっていただきたい。

勇気は、特別な人だけが持っているのではない。だれでも平等に持っている。しかし、どれほど多くの人びとが、この無尽蔵《むじんぞう》の宝《たから》を封印《ふういん》して、臆病《おくびょう》、弱気、迷《まよ》いの波間《なみま》に漂流《ひょうりゅう》していることか。これほど、もったいない人生はない。勇気を「取り出して」、胸中《きょうちゅう》の臆病を打ち破《やぶ》ることだ。

「戦う平和主義」とは、言い換《か》えれば、まさに「非暴力の精神」です。インド独立の父マハトマ・ガンジーが釈尊《しゃくそん》の精神を現代に蘇生《そせい》させた非暴力とは、単に自分自身が暴力を否定するだけではない。いかなる暴力にも負《ま》けない「勇気」です。いかなる暴力をも打ち破っていく「生命の力」であり、「正義の連帯《れんたい》の力」です。人間が人間として、最も強くなっていくことなのです。

子どもの頃の時間というのは、大人の何倍も密度《みつど》の濃《こ》い時間です。ちょっとした出来事でも、その後の人生を変える力を持っている。子どもの成長のためには、さまざまな経験をすることが欠《か》かせません。

できるだけ、苦労をさせたくないと思うのも親心かもしれないが、山があり、谷があるのが人生です。苦労を避《さ》けてばかりでは「生きる力」は養《やしな》われない。困難にぶつかった時には、温かく見守って、「乗り越える力」をつけさせてあげればよいのです。

子どもの中には〝育とう〟〝伸びよう〟という生命がある。親や教師、周《まわ》りの大人はあまり心配しないで、どっしりと構《かま》え、大きな心で包《つつ》み、見守ってあげるという面も必要です。

苦労も自分で乗り越えていけば、かけがえのない財産となっていく。子どもは本来、そうした「乗り越える力」を備《そな》えているものです。

優《やさ》しさとは何か。優しさとは「心」の問題です。それは「人間とは何か」という問題と一体なのです。

「優しい」人、人の心が分かる人が、人として優《ゆう》秀《しゅう》な人です。「優れた」人なのです。それが本当の優等生なのです。優しさとは、人間として一番人間らしい生き方であり、人格なのです。

すべての子どもは創造性のかたまり

子どもの可能性を育《はぐく》む

ルネサンスの巨人レオナルド・ダ・ヴィンチが残した童話《どうわ》の中に、「火《ひ》打《う》ち石」の話がある。「火打ち石」とは、他の石などと打ち合せて、火を起こす石のことである。火打ち石にたたかれることによって、石の中からすばらしい「火」が飛び出してきた。そして、その火は、見事な力を発揮《はっき》して、世の中の役に立っていった――と。

読書も勉強も、その難《むずか》しさは「石」のようかもしれない。しかし、そういう「石」――つまり、自分を鍛《きた》えてくれるものを避《さ》けずに、ぶつかっていってこそ、成長の「火」は出る。創造の「火」が打ち出される。一人ひとりが、二十一世紀を燦然《さんぜん》と照らしゆく「希望の炎《ほのお》」を秘《ひ》めている。

一人の教師の熱意が、どれほど生徒たちの心を明るくするのか。可能性を開き、伸ばす——教師とは子どもの心に希望の炎をともす人です。子どもの可能性を信じ抜く人です。人間の心を動かすのは、人間の心だけなのです。

教師が生徒を信じること――それこそが教育の根幹《こんかん》である。「信の心」が教育の中心にしっかりと打ち立てられているかどうかが、教育の成否《せいひ》を決めると言ってよい。それが、信頼関係を築いていく、第一ステップです。まず、教師が子どもたちを信じていく。信じてあげれば、子どもたちは、必ずまっすぐに応《こた》えてくれます。

最大の教育環境《かんきょう》は教師自身である。施設《しせつ》や制度はもちろん大切ですが、それ以上に、教師の生き方や生徒を思う愛情の深さこそが、子どもたちの心の限りない栄養になるのです。

子どもは、一度でも、学ぶ喜び、何かをつくりあげる喜びを感じることができれば、風を得た帆船《はんせん》のように、目的地に向かって進んでいくことができる。

子どもは、ダイヤモンドの原石《げんせき》のようなものです。しかし、原石も磨《みが》かなければ、原石のままです。皆が皆、「可能性」という美しい輝《かがや》きを秘《ひ》めている。大切なのは、その輝きに気づかせてあげることです。

子どもがそれに気づき、自信が持てるよう、そっと後押《あとお》ししてあげれば、後は自分で磨きをかけ、どこまでも輝きを増していくことができるのです。

そのための教育です。まず、子どもの可能性を「信じる」ことが大切です。

牧口先生は、常に自分を磨《みが》いておられた。「どうしたらすばらしい授業《じゅぎょう》、分かりやすい授業、楽しい授業ができるか」と、常に問いかけながら、最前線で挑戦《ちょうせん》を続けられていたのです。戸田先生も勉強家でした。あらゆる学問を勉強されていた。

地球が輝《かがや》くのは、太陽が照らしているからです。教育も同じです。教師が自ら輝いて、その光で子どもたちを照らしていく——その中で、子どもたちの可能性は無限に開花していくのです。

〝読むこと〟は「心を耕《たがや》すクワ」と言える。じつは、本そのものの中に、知恵や幸福があるわけではない。本来、それらは全部、自分の中にある。しかし、読書というクワで、自分の心、頭脳《ずのう》、生命を耕してこそ、それらは芽《め》を出し始める。

子どもたちの可能性を育《はぐく》み、開いていくことは、大人の責任です。その責任感を失ってしまえば、未来はありません。子どもたちは、社会の〝宝《たから》〟です。万葉《まんよう》の歌人・山上憶良《やまのうえのおくら》の歌に「しろがねも　黄金《くがね》も玉

も　何せむに　勝《まさ》れる宝《たから》　子に及《し》かめやも」とあります。いかなる財宝も、はるかに及ばない宝が子どもなのです。

日本には、そうした伝統が古くから根づいていました。しかし最近は、子どもたちのことが二の次、三の次にされているように思う。いつしか、子どもたちの顔からも、笑顔《えがお》が少なくなり、目の輝《かがや》きも失われてきている気がします。教育から始めなければ、何も解決しません。

どんな子であれ、その人にしか果たせない「使命」がある。だれしも、何かの「才能《さいのう》の芽《め》」を持っている。その芽を伸ばすための最高の養分は、

「信じてあげること」ではないでしょうか。

人によって、早く芽吹《めぶ》く人もいれば、時間がたってから、急に伸び出す人もいる。しかし、いつかは必ず才能の芽が伸びることを信じて、温かく見守り、根気強く励《はげ》ましを重ねていくことです。どこまで子どもを信じてあげられるか——周《まわ》りの「信じる力」が問われているとも言えます。

生命には計《はか》り知れない可能性がある。だから、どんな人に対しても、あの人はダメなどと決めつけてはいけない。とくに自分自身の可能性を決めつけてはいけない。多くの場合、「行き詰《づ》まり」は、自分自身のそうした決めつけから生まれるものです。

幼年期の心のカンバスに、差別や偏見《へんけん》という色はありません。そのカンバスに、泥《どろ》を塗《ぬ》りつけるのか、色彩豊かな人間性のハーモニーを描いていけるのか――大人の責任は重大です。
だからこそ、大人に対する以上に真剣に、子どもの中の「大人」に語りかけるように接《せっ》していくことです。

人間のみが、人間を励《はげ》ますことができる。人間のみが、人間の能力を最大限に引き出していける。人間のみが、人間を鍛《きた》えられる。人間のみが、人間を目覚《めざ》めさせ、立ち上がらせることができるのです。

すべての人に、その人でなければできない使命が必ずある。それを自覚できた時、可能性の芽は、無限に伸びていけるのです。

創造性を育《はぐく》む

青少年の内に秘《ひ》められた創造力を薫発《くんぱつ》していくには、教える側の努力が不可欠です。忍耐《にんたい》が、勇気が、愛情が必要です。

人間を教え育んでいくためには、教師自らが人間的魅力《みりょく》の輝《かがや》きを放っていなければなりません。哲学者ソクラテスの感化力を、世人《せじん》が〝シビレエイ〟のようだと評《ひょう》したのに対し、彼は、シビレエイは、自分がシビレているからこそ他人をシビレさせることができるのだ、と応《おう》じました。

とすれば、青少年の「創造性」の薫発は、まさに、教師自身の努《つと》めて創造的な日々の中にこそあるのです。でなければ、いくら創造性の開発などと言っても、それは絵に画《か》いた餅《もち》に終わってしまう。

「創造性」を薫発しゆく土壌《どじょう》は、人間と人間との打ち合いにある。無償《むしょう》の信頼関係に支えられた、ある時は厳《きび》しく、ある時は温かい魂《たましい》と魂との打ち合いと鍛《きた》えの触発《しょくはつ》作業を通してこそ、創造的生命というものは、泉のごとくわき出してくるからです。

創造性ということは、人間に与えられた勲章《くんしょう》であり、人間が人間であることの証《あかし》とは言えないでしょうか。人間のみが、能動的《のうどうてき》かつダイナミックに、一日そしてまた一日と、より高きものを目指し、新たな価値創造《かちそうぞう》の営《いとな》みをしていける存在なのです。

ルネサンス（再生）は読書から生まれる。レオナルド・ダ・ヴィンチもミケランジェロも、ルネサンスの巨匠《きょしょう》は、皆、第一級の読書家であった。古典の読破《どくは》なくして、あの絢爛《けんらん》たる創造力の開花はなかったにちがいない。

活字文化の復興《ふっこう》は、即、文芸の復興であり、そして人間精神の復興である。

良書に親しむなかでこそ、創造力も批判力《ひはんりょく》も鍛《きた》えられる。活字文化の衰退《すいたい》は、人間が人間らしく生きるための精神の泉を涸《か》らしてしまう。

たゆみない読書の持続によってこそ、若き頭脳《ずのう》は、はつらつと回転を増しながら、みずみずしい「創造の力」を発揮《はっき》できる。ゆえに、読もう！
大いに読もう！　良書を読もう！

偉大なる創造は、苦しんで、苦しんで、苦しむ中から、生み出される。
芸術も、人生も。

独創《どくそう》と、わがままは違う。にじみ出てくる個性《こせい》と、奇《き》をてらった見せかけの個性とは、まったく違う。いな、本当に個性的な人は自分の個性を表現しようとさえ思わないものかもしれない。むしろ、自然そのもの、生命そのもの、真実そのものに謙虚《けんきょ》に仕《つか》え、それを表現しようとする。その結果として、おのずと表れ出てくる刻印《こくいん》された個性——それが本当の独創性でしょう。

個性を伸ばす

違いを、「排除《はいじょ》しようとする方向」ではなく、「認《みと》め合う方向」へと「心のベクトル（方向性）」を変えていくことが大切です。

「みんな『違う』ってすばらしい！」ということを教えていかねばならない。多様性《たようせい》があってこそ、社会は、さまざまに力を発揮《はっき》するのです。その多様性を調和《ちょうわ》させながら、みんなを「幸福」の方向へ、「共生《きょうせい》」の方向へと向けていくのが、人間教育とも言える。

仏法では「桜梅桃李《おうばいとうり》」と説いている。真の平等とは「桜梅桃李」です。

それぞれの個性が十分に発揮できるのが平等であり、そのために平等なチャンスを与えるのが民主主義です。反対に、一つの狭い価値観《かちかん》で皆を評価しようとすると、その価値観からはみ出した人は、行き場がなくなってしまう。

桜《さくら》は、桜らしく咲き香《かお》っているから美しい。人がどうだ、こうだ、と縁《えん》に紛動《ふんどう》されないで、自分自身に生き切っていくことである。自分らしく生き切って、大きく、力強く、美しい人生を飾《かざ》っていく。その人が強い。その人が悔《く》いがない。周囲がどうかは関係ない。自分がどうかである。

桜には桜の美しさがある。梅には梅の香りがある。桃《もも》には桃の彩《いろど》りがある。李《すもも》には李の味わいがある。百花繚乱《ひゃっかりょうらん》です。ところが人間の世界は、違いを尊重できないで、「差別」をしたり「いじめ」をしたりする。人権《じんけん》の破壊《はかい》です。ここに根本的な不幸が生まれる。

だれもが、人間として、人間らしく開花し、人間としての使命をまっとうしていく権利がある。自分にもある。人にもある。それが人権です。人権を尊重しないで、人の人権を侵害するのは、すべての秩序《ちつじょ》を破壊しているようなものです。人権を大切にし、人を尊敬できる——そういう「自分自身の確立」が必要です。

人間は自由に生きる権利をもっている。その「自由」を、何に使うかは、自分しだいです。自由にした行動の、その結果に、「責任《せきにん》」があるのも自分です。

どうなろうと、だれにも文句は言えない。自分が決めたのだから。自由の裏側には責任がくっついている。紙の表と裏みたいなものです。

「人のため」「社会のため」「世界のため」に働《はたら》くこと――それは、最高に自分を輝《かがや》かせることでしょう。誇《ほこ》りと自信を持って、親の生き方を教えていくのです。「心」を厳然《げんぜん》と伝えていくのです。

すべての子どもは心を結ぶ世界市民

世界を結ぶ力

語学は「世界を結ぶ力」となるものといえましょう。世界の人びとの生活を知り、価値観《かちかん》の違いを学び、同じ人間として心を交わしていく——その道を大きく開く〝武器〟となるのが語学です。

幼児《ようじ》こそ、まさしく国際人の資格である「差別なき心」の体現者と言えるでしょう。人間は長《ちょう》ずるにしたがって、民族や宗教の差異にこだわったり、富《とみ》や権勢《けんせい》を鼻にかけたりして、その心が曇《くも》らされ、差別なき心のつき合いが難《むずか》しくなってきます。

「人間と人間の連帯《れんたい》」「心と心の連帯」の拡大こそが、「平和の文化」のほかならぬ実践であることを、改めて確認しておきたい。平和が人間一人ひとりの心の中に根づいてこそ、「平和の文化」を全地球的規模《きぼ》に広げることができ、永続化《えいぞくか》させることができるのです。

万代《ばんだい》の友好のためには、徹《てっ》して誠実に、民衆と民衆の「心の橋」を建設していく以外にない。

友好といっても表面的な友好もあれば「心と心の握手《あくしゅ》」もある。友情を「民衆の大地」に根づかせなければならない。根を張《は》らなければ、やがて枯《か》れてしまう。

絨毯《じゅうたん》は、糸が縦《たて》に横にと重なってできている。そのように、善《ぜん》の友情が世界中に縦に横にと織《お》られ重なっていき、世界への懸《か》け橋となっていけば、善の世界、平和の世界につながっていく。

友情を大事にすることは、正しく、平和で、意義《いぎ》深いことです。「共生《きょうせい》」「協調」という理想社会をつくる第一歩となる。昔から言われているように、悪人はまとまりやすく善人はまとまりにくい。だからこそ、善人と善人の友情は尊《とうと》いし、美しい。これこそ人間としての真髄《しんずい》なのです。

国といっても、要《よう》は人間です。人間の集まりであり、人間がつくるものであり、人間が変えられないはずがない。また国家も「人間のため」にあるのです。

この素朴《そぼく》にして明快《めいかい》な事実が、さまざまな「とらわれ」から見えなくなる。独善的《どくぜんてき》なイデオロギー、小さな利害、感情、誤った知識や先入観、根本的には人間と生命の無知。この「とらわれ」の鎖《くさり》を断ち切れば、相手を「人間として」尊敬できるようになる。そこから「人間として」の対話《たいわ》が始まります。

政治や経済の同盟は強固《きょうこ》に見えて、時代の荒波に流されやすい。迂遠《うえん》なようでも、文化・教育の友好は、揺《ゆ》るぎなき平和と創造のネットワークを広げる。

留学生を大切にすることは、その国の未来と友情を結ぶことであろう。教育がつなぐ橋は永遠である。

どんな出身であろうと、人間の価値に、まったく関係ない。学校に行けなかった人でも、偉くなった人は、たくさんいる。大事なのは「人間として」どうかである。「何をしたか」である。中国の周恩来《しゅうおんらい》総理も、夫人の鄧穎超《とうえいちょう》さんも、徹底して民衆の側《がわ》に立った。苦しんでいる人に寄《よ》りそって、生き抜かれた。だから偉大なのである。

私たちにとって必要なのは、人間の証《あかし》である「勇気」と「希望」を失わず、〝一人ひとりが歴史変革の主人公であり、かけがえのない使命がある〟との深い自覚をもって、地球的問題群《ぐん》に立ち向かう人類共闘《きょうとう》の連帯《れんたい》をつくり上げていくことです。

いかなる権力《けんりょく》も、いかなる暴力も、真実の友情を破《やぶ》ることは永遠にできない。そして、この「友情の道」にこそ、人間の尊厳《そんげん》の証がある。

一度結んだ友情は絶対に裏切らない。その人が大変になればなるほど守り抜いていく。これが「人間性」である。信頼を〝裏切《うらぎ》る〟のは、自分で自分の人間性を裏切っているのである。

信条《しんじょう》の違い、立場の違いを超《こ》えて、真の「人間」として、人格と人格で結ばれていく——その友情は人生の宝《たから》である。

秋の竹林は美しい。あの竹たちも、一本一本がまっすぐに天に向かって伸びている。そして、目には見えない地下の根っこでつながっている。その姿《すがた》のように、真の友情とは、互いにもたれ合うのではなく、自立です。自立した同士で、目には見えない魂《たましい》と魂を、がっちりと結び合わせていくのが友情です。友情も、自分自身の生き方で決まっていくのです。

「自分中心」は、ずるい。ずるい人間は信用できない。皆のため――という「人間連帯《れんたい》」が正しいのです。

二十一世紀を生きる人類が戦争や紛争をなくし、真の平和を確立するためには、心も、頭脳《ずのう》も、境涯《きょうがい》も、広々と大宇宙へ広げていくことが絶対に不可欠である。正しき宇宙観、生命観、そして宇宙的視野《しや》に立った哲学を深めていく以外に、この小さな地球で、いがみ合い、憎《にく》しみ合い、殺し合う愚《おろ》かさを是正《ぜせい》して、永遠に幸福な地球にしていくことはできない。

人間の精神には、どんな困難な状況をも打開し、より豊かで実りある価《か》値創造《ちそうぞう》を成し遂《と》げる力が備《そな》わっている。こうした偉大な精神の力を、一人ひとりの人間が縦横《じゅうおう》に開花させながら、変革を目指す連帯《れんたい》の絆《きずな》を深め、「平和の文化」を築《きず》き上げていく——ここに、「生命の世紀」である二十一世紀の、最大にして最重要の挑戦《ちょうせん》がある。

自分と違うところを持つ人を尊敬できる「心の大きさ」が友情の土壌《どじょう》です。「大きい心」があれば、その分、すばらしい友情ができる。「小さい心」には、小さな、やせ細った孤独《こどく》しか育たない。

優《やさ》しさとは、損《そん》・得《とく》を度外視《どがいし》した友情です。人が苦しんでいれば、苦しんでいるほど、その人に愛情を持つ。立ち上がっていけるように勇気の心を与える。人の不幸を、不幸として見つめつつ、苦しみを分かとうとする。分かち合おうとする。その中で、自分も成長していく。相手も強くなっていく。

女性の特質である「柔《やわ》らかさ」「ねばり強さ」は、争いを消したり、あらゆる団体・社会を、発展させゆく力である。

対話力を育《はぐく》む

「対話」こそが、人類の未来を開くカギである。あらゆる人を「宝《たから》」の存在」として尊敬することです。その土台の上に、実《みの》りある対話もあるし、「友情」も「平和」もある。

「平和の文化」を育み、共生《きょうせい》の地球社会を築《きず》くといっても、人間と人間との一対一の対話を粘《ねば》り強く重ねていくことが、迂遠《うえん》な小径《こみち》のようでも確かな大道へとつながっていくものです。

「対話」は善です。連帯《れんたい》を築き団結をつくるからです。「拒絶《きょぜつ》」は悪です。話し合えば、違いがあっても信頼が芽生《めば》える。社会にあっても、対話は平和の礎《いしずえ》であり、拒絶は戦争の門です。

二十一世紀のカギを握《にぎ》るのは、民衆が強くなり、賢明《けんめい》になり、連帯していくことです。また、そのために必要となるのが、人間と人間との「開かれた対話」です。

「対話」とは、人びとを結びつけ、相互の信頼をつくり出していくためのかけがえのない〝磁場《じば》〟であり、善《ぜん》なる力の内発的な薫発《くんぱつ》によって互いの人間性を回復し、蘇生《そせい》させていく力の異名《いみょう》とも言える。二十世紀の苦々《にがにが》しい悲劇の多くは、この対話の精神が社会の確かな土壌《どじょう》たりえなかったことに起因しているところが大きい。

隣人《りんじん》との対話であれ、歴史との、あるいは自然や宇宙《うちゅう》との対話であれ、語らいを通した開かれた空間の中でのみ、人間の全人性《ぜんじんせい》は保障《ほしょう》されるものであり、自閉的《じへいてき》空間は、人間精神の自殺の場になっていくほかありません。なぜなら、人間は生まれ落ちたまま人間であるのではなく、文化的伝統を背景にした〝言葉の海〟〝対話の海〟の中で鍛《きた》え上げられて初めて、自己を知り他者を知り、真の人間となっていくからです。

相手の話を遮《さえぎ》ったり、頭ごなしに結論を下すのでは、対話とは言えない。〝ちょっと変だな〟と思っても、いちいち突《つ》っ込んだりしないで、相手の話にうなずいていくくらいの心の広さがほしい。そうすれば相手の人も安心して、こちらの話を聞いてくれる。

「分かりやすい言葉」が大事です。いくら善《よ》いことを言っていても、人びとに通じなければ役に立たない。また、「力強い言葉」が大事です。勇気からわき上がる確信の一言こそが心を打つ。そして、深く広い心が生み出す誠実が胸に響《ひび》くのです。

「語る」ことが、人間の人間たる証《あかし》です。民衆が充実の生命を躍動《やくどう》させながら、生き生きと声を発していく。その生命力を取り戻《もど》していかなければ二十一世紀の日本はない。

人道的競争

もはや「軍事的競争」の時代ではない。「政治的・経済的競争」の時代でもない。「人道的《じんどうてき》競争」の時代が到来しつつある。

人間として、アジア市民、世界市民として、どれだけの友誼《ゆうぎ》と信用を勝ちえていくことができるか。その一点に、日本の未来はかかっていよう。

「経済」だけを価値観《かちかん》にして、先進国だ途上国だと決めつけているが、尺度《しゃくど》を変えれば、世界の地図は、がらっと変わることでしょう。例えば「家族の仲の良さ」とか「自然を大切にする文化」とか、別の尺度で見れば、どこが先進国か、変わってしまう。二十一世紀は、そういう多元《たげん》主義で、互いに尊敬していかねばならない。

世界の一流の指導者は詩心を持っている。「詩」は国際人としての知性と人格の証《あかし》である。日本は今、この点が非常に弱くなっている。人格の人、詩心の人には妬《ねた》みがない。暴力もない。

地球市民とは

「地球市民」とは、

一、生命の相関性《そうかんせい》を深く認識しゆく「知恵の人」

一、人種や民族や文化の〝差異《さい》〟を恐れたり、拒否《きょひ》するのではなく、尊《そん》重《ちょう》し、理解し、成長の糧《かて》としゆく「勇気の人」

一、身近に限らず、遠いところで苦しんでいる人びとにも同苦し、連帯《れんたい》しゆく「慈悲《じひ》の人」

これからの地球一体化時代においては、苦楽をともにする「人間と人間のつき合い」こそが基本である。世界は多様《たよう》である。文化も違う。価値観《かちかん》も、暮《く》らしも違う。決して、単純《たんじゅん》に「世界は一つ」ではない。その多様性を尊重しながら、ともに栄えていくには何が必要か。それは、唯一《ゆいいつ》最大の共通点である「人間」という一点を、拡大していく以外にない。

未来のために働く人は、未来をつくる人です。未来のために呼吸《こきゅう》する人は、未来に成長する人です。未来のために汗を流す人は、未来に福徳を得る人です。

価値創造《かちそうぞう》の思想から見れば、「個人の幸福」と「社会の繁栄《はんえい》」は決して対立するものではない。自転と公転のような関係です。社会に尽《つ》くすことによって、個人が幸福になり、社会は「一人の人」の幸福を目的としなければならない。

人間は、子どもの時に身につけた価値観を、ずっと大きくなるまで持ち続けるものです。大きくなってから、それを変えるのは、決して簡単なことではありません。

子ども時代に、きちんと「平和教育」「人権教育」をしていく重要性が、ここにあります。教育の場における、そうした一つひとつの積み重ねこそが、平和を築《きず》く礎《いしずえ》となるのです。

「民衆の幸福」が目的なのです。それが「国家の勝利」でもあるのです。

しかし、権力者《けんりょくしゃ》は、民衆を手段にする。経済人も、民衆を手段にしてしまいがちである。そうではなく、すべてを「民衆の奉仕《ほうし》」へとつなげていくのです。

それが「新時代の精神」でなければなりません。それこそ、長い間、人類が求めてきたことではないでしょうか。

他人と比較する必要はありません。人がどう見ようと、何を言おうと関係ありません。要は自分らしく、自分を見失わずに、力をつけていくことです。その強さを持った人こそが、苦しんでいる人、悩んでいる人のために、本当に働ける人になれるのです。

華《はな》やかな表《おもて》舞台の人よりも陰《かげ》の人を大事にする。形式ではなく、事実の上で、皆のため、社会のため、人類のために働き、貢献《こうけん》している人をこそ、最大に尊敬していかねばなりません。

今は「勉強ができること」が、子どもを判断する大きな基準《きじゅん》になっています。たとえ勉強が苦手《にがて》でも、立派な子どもはたくさんいます。また、勉強ができるかどうかなどは、長い目で見なければ分からないものです。むしろ大切なのは、「社会のために何かしよう」「人のために役立とう」という心があるかどうかです。

「教育のための社会」を目指して

人間教育

人間は人間として教育されて、初めて人間になる。人間に生まれたから人間なのではない。人間として育てられて、初めて人間となるのです。だから、教育が大切なのです。

知識や情報《じょうほう》を、いかにして、人間の幸福の方向へ、平和の方向へと生かし切っていけるか。そのためには、「生命」それ自体の中から、万人に備《そな》わる〝知恵〟と〝慈悲〟を薫発《くんぱつ》していくことが、絶対《ぜったい》に不可欠ではないでしょうか。

この「生命」という二十一世紀の最大のフロンティアを開拓《かいたく》しゆくことこそ、人間教育の偉大な使命です。

人間の生命には「善《ぜん》」もあれば「悪」もある。ゆえに人間は教育によって、善にもなれば悪にもなれる。日本の軍国主義教育がそうでした。悪を引き出し、戦争の道を進んだのです。ゆえに徹《てっ》して、「人間のための教育」

でなければならない。「人間の幸福と平和と自由のための教育」でなければならない。

教育こそ、人間が、人間として、人間らしく、正しい「人生の大道」を歩み、人類と世界に貢献《こうけん》していくための「根本の力」です。この教育の大光を強めゆくことこそが、もっとも地道でありながら、「戦争の暴力《ぼうりょく》」を封《ふう》じ込め、「環境の破壊」を防ぎ、そして「人権の蹂躙《じゅうりん》」を許さぬ、最も重要な生命尊厳の大闘争《とうそう》なのです。

新時代開拓の若き後継者《こうけいしゃ》に望むものは、自分だけよければ、という小さなエゴイストではなく、自分の生き方を人類の運命にまで連動《れんどう》させゆく「全体人間《ぜんたいにんげん》」に成長してほしいということです。

教育は、そうした「知恵の全体性」を、絶えず問うものです。個別な知識を、人生の全体に生かしていく知恵に高めていくこと。それは、社会性豊かな、調和のとれた「人格」の人に、と言ってもいい。

いかにして、学問の分散化《ぶんさんか》に歯止《はど》めをかけるか。いかにして、偏狭《へんきょう》な専門家ではなく、「全体人間」を育成していくか。いかにして、単なる「知識」だけではなく、民衆の幸福につながる「知恵」と「創造力」を啓発《けいはつ》していくのか。これが時代の課題であり、「価値創造《かちそうぞう》」こそ二十一世紀のキーワードです。

「言葉一つ」「言い方一つ」、そして「心一つ」で、人生は、どのようにでも悠々《ゆうゆう》と開いていける。これが「知恵」である。「知識」それ自体は、幸福をつくらない。幸福をつくるのは「知恵」である。知識だけでは行き詰《づ》まりがある。知恵は行き詰まりがない。「知恵」の水は、わが心の泉から限りなく汲《く》み出していけるのである。
これからの激動の時代は、いよいよ「知恵」のある人が勝つ時代である。それが「創価」すなわち価値創造の新世紀である。

知識だけに偏《かたよ》らず、心も、体も鍛《きた》え、円満《えんまん》な人格を育てていくのが、人間教育です。学問を積み重ねるほどに、人格が高まり、立派な人間に成長していくのでなければ、本当の教育とは言えません。知識だけの教育では、どうしても偏《かたよ》った人間に育ててしまう。

人間教育の根本は、愛情です。愛情によって育てられた人は、「競争」によって他人を蹴落《けお》とすのではなく、社会のため、人びとのために貢献《こうけん》する生き方を志向《しこう》していくものです。


今、本当の意味で、子どもたちは大事にされているでしょうか。「生きる歓《よろこ》び」に輝《かがや》いているでしょうか。

大人は、子どもたちのために、断じて、人間性豊かな平和な社会を築き残していかねばなりません。子どもたちの幸せのために、何ができるのか。

皆が力を合わせて、子どもたちの教育を第一義とする「教育のための社会」でありたい――。

すべての子どもの生命にある「伸《の》びゆく力」と「創造力」を開花させるのは、やはり教育の現場、また家庭や地域における、人格と人格の触発《しょくはつ》以外にない。

目指《めざ》すべきは「教育のための社会」である。社会のために教育があるのではない。教育のために社会があり、国家がある。発想を大きく転換して、二十一世紀こそ、子どもたちが「生きる歓び」に輝く世紀としていきたい。

「人を育てる」という意味での教育は、本来、学校の現場だけでなく社会全体で担《にな》うべき使命です。私たちは今一度、「子どもたちの幸福」という原点に立ち返って、社会のあり方と自らの生き方を問い直す必要があります。

子どもたちのために、どんな世界を築き、残していくべきなのか――。今こそ、この課題と真摯《しんし》に向き合う絶好《ぜっこう》の機会といえましょう。

今、世界的に「教育の危機《きき》」が叫《さけ》ばれています。このままでは「武器のない戦争」が始まると指摘《してき》する人もいました。軍服を着たり、兵器を使う戦争ではなく、陰湿《いんしつ》な憎悪《ぞうお》と嫉妬《しっと》がぶつかり合う戦争です。

勝ち負けが決まらないゆえに終わりがない。そうさせないために教育はあるのです。大事なのは教師です。生徒一人ひとりを、わが子以上に大事にするのです。それが教育の真髄《しんずい》です。

教師と生徒が開かれた対話を重ねながら、相互に英知を触発《しょくはつ》し合う。そして、現実の人生と社会のあらゆる苦難をともに乗り越えながら、人びとの幸福のために、ともに行動していく。そうした責任ある知性《ちせい》の「交流」と「連帯《れんたい》」を拡大していくことが、今ほど要請《ようせい》されている時はありません。

生徒を自分以上の人材に育てよう——その決心で進んでください。子どもたちが分かるように教えるのが、教師の使命であり、責務《せきむ》です。生徒の成績が悪いのは教師のせいである——そのくらいの強い自覚で、生徒を大事にしてあげていただきたい。

「面白い」「安心できる」「分かりやすい」「どこかいいなと思える魅力《みりょく》がある」——そういう先生であっていただきたい。また「叱《しか》る」のも日本の伝統なのかもしれませんが、生徒を大いに「ほめて」あげてください。

師弟の関係は、高き精神性を持つ、人間だけがつくりえる特権である。芸術の世界にも、教育の世界にも、職人の技《わざ》の世界にも、自らを高めゆかんとするところには、師弟がある。「人生の師」を持つことは、生き方の規範《きはん》を持つことである。

そのなかでも、師弟がともに、人類の幸福と平和の大理想に生き抜く姿《すがた》ほど、すばらしい世界はない。また、大偉業は一代で成し遂《と》げることはできない。師匠《ししょう》から弟子へ、そして、そのまた弟子へと続く精神の継《けい》承《しょう》があってこそ、成就《じょうじゅ》される。

ＩＴ（情報技術《じょうほうぎじゅつ》）は非常に便利だが、活字文化をなくしたら、人間が人間でなくなってしまう。活字文化を失ったら、思考力が衰《おとろ》え、人間、国家、人類の土台が崩《くず》れる。実像を錯覚《さっかく》して見てしまう恐れがある。

大人たちが変わっていかなくてはならない。子どもは時代の空気に敏感《びんかん》だから、社会の悪い部分がストレートに反映《はんえい》しやすい。いくらモノが豊かでも人間を信じられない社会は不幸です。学校教育にしろ、家庭教育にしろ、信頼関係がすべての基礎《きそ》にならなければならない。

子どもたちと向き合う時は、同じ目線《めせん》に立つことは重要で、とても大切な姿勢です。教育とは地道《じみち》な作業です。一日や二日で結果の出るものではない。一人の人間を育てるというのは、並大抵《なみたいてい》のことではありません。それこそ、農家の方が雨の日も風の日も辛抱《しんぼう》強く、一日一日と丹精《たんせい》込めて作《さく》物《もつ》を育てるように、否《いな》、それ以上に、心と手間《てま》をかけていかねば本当の教育はできない。

教師が心を砕《くだ》いた分しか、子どもたちには伝わっていかないのです。「心こそ大切なれ」です。その心が、子どもたちの成長の力となり、糧《かて》となっていくのです。

子どもは、千差万別《せんさばんべつ》です。興味も関心も違う。きょうは、こうであっても、あすはどうなるか。一人の子においても、一瞬《いっしゅん》一瞬、変化の連続です。教師の生命のレーダーが、フル回転していなければ、彼らの心はキャッチできるものではありません。
言葉や振《ふ》る舞《ま》いだけでなく、その奥にあるものは、何か。声にならない声を聞き取るのですから、子どもの心音《しんおん》が伝わってくるような、濃《こま》やかなかかわり合いが必要です。

子どもたちと一緒に過《す》ごせるということが、どれほどすばらしいことか、どれだけ得がたい経験をし、自分が成長させてもらっているのか、その原点を見失ってはいけません。一日経《た》てば、それだけ「新しい成長」をし、「新しい進歩」を遂《と》げるのが、子どもです。その新しい成長や新しい進歩が、教師にとっては「新しい発見」となり、「新しい感動」になっていく。

その繰《く》り返しの中に、教育の醍醐味《だいごみ》があるのです。

「ローマは一日にして成《な》らず」との言葉がありますが、地道な毎日の積み重ねの中でしか、花を咲かせることはできないのです。


「友のため」「地域のため」「社会のため」——それを真剣に考え、悩《なや》み、努力していけば、自然のうちにみずみずしい知恵がわき、勇気が出、人格ができていく。そういう人生は、何があっても絶対《ぜったい》に負けません。

「志《こころざし》」が「人」をつくる。大きな志は大きな人生をつくる。教育の核《かく》心《しん》は、その「志」をどう引き出し、力を発揮《はっき》させるかにある。

だれに勝つのでもない。自分に勝つことです。その人が最高に偉大《いだい》なのです。「自分に勝つ」――それを教えるのが、教育の根本です。

「四権分立」構想

教育は次代《じだい》の人間をつくる遠大な事業であり、時の政治権力によって左右されない自立性が欠かせません。立法《りっぽう》・司法《しほう》・行政《ぎょうせい》の三権に、教育を加えた「四権分立《よんけんぶんりつ》」が必要なのです。

世界平和の実現の基盤《きばん》となるのは、国家の利害を超《こ》えた教育次元での交流と協力です。この観点から、教育権の独立を世界的規模《きぼ》で実現するための「教育国連《こくれん》」構想を、以前から訴《うった》えてきました。日本が教育に関する恒常的審議《こうじょうてきしんぎ》の場としての「教育センター」の設立を通し、「教育権の独立」という潮流《ちょうりゅう》を世界で高めていく役割を担《にな》っていけば、「教育立国」という日本の新たなアイデンティティーを確立することにもつながっていくのではないでしょうか。

教育は、子どものためのものであり、〝国家の専有物《せんゆうぶつ》〟であってはならない。教科書検定や学習指導要領を含め、国家が教育内容の細部に至るまで深く関与する制度のもとでは、学校や教員の自律性《じりつせい》だけでなく、子どもの個性や創造性を育《はぐく》む土壌《どじょう》も育ちません。

教育の目的は、個々の人間の尊重、独立《どくりつ》人格の形成というところにおかれねばならない。しかし現実には、国家や企業にとって価値ある人間、つまり、そういう機構《きこう》・組織のなかで効率《こうりつ》よく効果を発揮《はっき》する人間の育成というところに、教育が手段として用いられてきたという傾向性は看過《かんか》しえない事実です。

かねてから立法、行政、司法の三権から教育権を独立させる「四権分立」

構想を世に問うてきたのも、そうした政治主導型の教育がもたらす弊害《へいがい》や歪《ひず》みを取り除くことを念願するからです。

「平和と非暴力」の教育、そして「子どもの幸福」を目的とする教育を、地球上で等しく実現するための共通規範《きはん》、言うなれば「世界教育憲章《けんしょう》」を、国連を通じて、ぜひとも採択《さいたく》していくべきではないでしょうか。

「持続《じぞく》可能な開発」は、二十一世紀のキーワードと言ってよい。この指標《しひょう》を明確に掲《かか》げた環境《かんきょう》教育は、文明のあり方や人間の生き方を問い直し、地球的問題群《ぐん》の解決へ、人類の連帯《れんたい》を形成してゆく基盤《きばん》となりえよう。

二十一世紀の「教育のための社会」にあっては、人間が孤立《こりつ》と分断《ぶんだん》の力に翻弄《ほんろう》されることなく、人種や国境を超《こ》えて結びつきの絆《きずな》を深め、大自然とも縦横《じゅうおう》にコミュニケートしながら、共生《きょうせい》のハーモニーを奏《かな》でゆく――そうした人格を形成していくことこそ目的であり、第一位の優先順位を与えるべきではないでしょうか。

子どもたちは「未来」です。「人類の宝《たから》」です。真剣に、そして迅速《じんそく》に、皆が協力して、手を打っていかねばなりません。

教育の力

二十一世紀は「教育の世紀」である。それは、「教育の力」で、「世界の民衆を皆、皇帝《こうてい》へと高め、連帯《れんたい》していく世紀」です。

学校全体はもちろん、家庭で、地域で、子どもたちへの教育力を高めることが大切です。

周囲が、心を尽《つ》くした分、子どもも自分も大きく成長していくことができる。また、それが、「人間を育てる」教育の醍醐《だいごみ》味なのです。

これだけ科学や技術が発達している。これだけ知識や情報が増大している。にもかかわらず、それが地球社会の全体の幸福と平和に、そのままつながってこない。それは、「何のため」という根本の一点を見失ってしまったからです。ここにこそ人間の愚《おろ》かさの根があり、狂《くる》いの因があるのです。

正しい価値観《かちかん》、正しい生命観を教える教育以外に、この激動《げきどう》の時代にあって、人類の平和と安定を創造しゆく道はない。目指《めざ》すべきは、「生命尊厳《そんげん》の世紀」であり、そして「人間教育の世紀」です。

地球上のすべての人に、幸福になる「権利」がある。未来永遠にすべての人が、幸福になる「力」を持っている。そして人間は、自らの気高《けだか》き「使命」を果たすことによってこそ、自他ともに幸福になることができる。

ゆえに、一人ひとりの使命を呼《よ》び覚《さ》まし、幸福になる力を引き出し、「平和」という崇高《すうこう》な目的に人類を結束《けっそく》させていく「哲学」の指導者が必要です。そうした指導者を育てる「教育」が不可欠です。

さまざまな知識を、人びとの幸福へ、世界の平和へとダイナミックに生かし、方向づけていく推進力《すいしんりょく》こそ、「生命尊厳の思想」に依《よ》って立つ人間教育です。なかんずく、人間自身の内なる生命からの知恵の啓発《けいはつ》が、これからの「教育の世紀」には、絶対に不可欠です。

〝社会から切り離された教育〟が生命を持たないように、〝教育という使命を見失った社会〟に未来はありません。

教育は単なる「権利」や「義務《ぎむ》」にとどまるものではなく、一人ひとりの「使命」にほかならない――そう社会全体で意識変革《いしきへんかく》していくことが、すべての根本であらねばならないのです。

一切が、「人」で決まる。政治をよりよく変えていく根本の力も、教育です。教育の目的は、あくまでも「人間の幸福」であり、「世界の平和」です。ゆえに教育は、単なる「知識」の追究に、とどまってはならない。そこには、鋭《するど》い「知性」は当然として、豊かな感性《かんせい》を育《はぐく》む「文化性」が絶対に不可欠です。そしてまた、深き人格の価値を創造しゆく「哲学性」が強く要請《ようせい》されるのです。

人間教育の根本も、「生命を大切にすること」である。だから「絶対に人を殺してはならない」。だから「絶対に戦争を起こしてはならない」。簡《かん》潔《けつ》にして根本の原則である。この点だけは、二十一世紀の世代に峻厳《しゅんげん》に教え伝えていかなければならない。

生命の尊さを実感し、自然との共生《きょうせい》を志向しゆく「環境《かんきょう》教育」は心を豊かに育《はぐく》み、他者との連帯《れんたい》を促《うなが》す人間教育そのものであろう。

さらにまた、生命の尊厳《そんげん》の次元において、「環境教育」は「平和教育」とも奥深く連動する。戦争と暴力こそ、最大最悪の環境の破壊《はかい》であり、そして生命への冒瀆《ぼうとく》であるからだ。

生命を生んだ宇宙は、地球は、そして母は、わが子を「かけがえのない存在」として大切にします。そういう絶対的な優《やさ》しさ――「生命への慈愛」を、社会に広げていくことが、二十一世紀にとって、一番大切なことではないだろうか。

二十一世紀を、「母と子の笑いさざめく世紀」としていきたい。人類の「希望」である子どもたちが、すこやかに、まっすぐに成長していける社会をつくりたい。「母と子」を守り、励《はげ》ますために、できることは、すべてやっていく。母と子を守ることは、「生命」を守ることです。「平和」と、そして「未来」を守ることです。ここにすべての根本がある。

二十世紀は、男性の横暴《おうぼう》による「戦争と暴力の世紀」であった。二十一世紀は、断《だん》じて女性の知恵による「平和と共生《きょうせい》の世紀」へと、転換《てんかん》していかねばならない。

教育問題にせよ、環境問題にせよ、女性の声をより強め、より結集していくところに、新たな打開への活力《かつりょく》は生まれよう。

優《やさ》しさほど、強い力はない。優しさほど、人の心を征服《せいふく》するものはない。
優しさほど、強く、明るく、永遠性の光はない。人の胸に明かりを灯《とも》す光《こう》明《みょう》です。希望の光を与える。真の「ソフトパワー」です。

声なき民衆が、国家主義の魔性《ましょう》に蹂躙《じゅうりん》されたところに、二十世紀の悲劇があった。
だからこそ、国を超えて、世界市民の連帯《れんたい》を強め、良識の声を高めていくことこそが、「平和と人道の世紀」への最も確実な一歩ではないだろうか。

二十一世紀を「家族愛の世紀」「地球家族の世紀」にしなければならないと信ずる。それは慈愛《じあい》の力で、すべての人の生命から最高の可能性を引き出していく世紀である。

子どもたちは「鏡《かがみ》」である。大人の生き方を映《うつ》す鏡なのである。一家庭にあっても、世界にあっても。

平和とは、おとなしく、のほほんと暮《く》らしていくことではない。人を苦しめる「悪」と、敢然《かんぜん》と戦っていく。非暴力で、戦っていく——その行動の中に「平和」がある。いな、そこにしかないのです。

その「悪と戦う心」をなくして、皆が無気力、無関心——「どうでもいいや」という風潮《ふうちょう》になったとき、それはもう、社会は「戦争」の方向に大きく傾《かたむ》いていると言っていい。

青年が一切の焦点《しょうてん》である。友好の「目的」も青年、友好の「主役」もまた青年である。
青年を励《はげ》ます「言論」には、時代を動かす力がある。青年を鍛《きた》える「教育」には、時代を創《つく》りゆく力がある。

二十一世紀へ、大事なのは青年です。青年時代の鍛えこそ、人間をつくり、人生を最大に輝《かがや》かせるものです。

本書は、下記の著作の中から、「新たな青少年観」に関する箴言を抽出し、分類・整理した『「教育の世紀」へ』（2003年、第三文明社刊）をレグルス文庫化したものです。

単行本
　『子どもの世界』『21世紀の教育と人間を語る』
　『21世紀への母と子を語る』（１～３巻）
　『母と子の世紀』（１～３巻）（以上、第三文明社）
教育提言
　『教育の目指すべき道――私の所感』
　『「教育のための社会」目指して』
　『教育力の復権へ　内なる「精神性」の輝きを』
創価学園指導集
　『創立者とともに』（１～３巻）
未来部への指針
　『青春対話』『希望対話』（聖教新聞社）
スピーチ集
　『輝きの明日へ』（全90巻）（聖教新聞社）
教学対談
　『法華経の智慧』（１～６巻）（聖教新聞社）

など。

池田大作（いけだ・だいさく）

1928年、東京都生まれ。創価学会名誉会長。創価学会インタナショナル（ＳＧＩ）会長。創価大学、アメリカ創価大学、創価学園、民主音楽協会、東京富士美術館、東洋哲学研究所、戸田記念国際平和研究所などを創立。国連平和賞、国連栄誉表彰をはじめ、受賞多数。モスクワ大学、グラスゴー大学、デンバー大学、北京大学、清華大学など、世界の大学・学術機関から300を超える名誉博士、名誉教授等の称号を受ける。著書に小説『人間革命』（全12巻）、『新・人間革命』（全30巻）のほか、『二十一世紀への対話』（Ａ・Ｊ・トインビー）、『二十世紀の精神の教訓』（Ｍ・Ｓ・ゴルバチョフ）など世界の知性との対談集多数。

教育《きょういく》の世紀《せいき》へ——親《おや》と教師《きょうし》に贈《おく》るメッセージ　レグルス文庫 270

2011年3月16日　初版第1刷発行
2021年6月6日　初版第4刷発行

著　者　池田大作《いけだだいさく》
発行者　大島光明
発行所　株式会社　第三文明社
東京都新宿区新宿1-23-5　郵便番号　160-0022
電話番号　03(5269)7144（営業代表）
03(5269)7145（注文専用）
03(5269)7154（編集代表）
URL　https://www.daisanbunmei.co.jp
振替口座　00150-3-117823

印刷・製本　明和印刷株式会社

ISBN978-4-476-01270-5

REGULUS LIBRARY

レグルス文庫について

レグルス文庫〈Regulus Library〉は、星の名前にちなんでいる。厳しい冬も終わりを告げ、春が訪れると、力づよい足どりで東の空を駆けのぼるような形で、獅子座〈Leo〉があらわれる。その中でひときわ明るく輝くのが、このα星のレグルスである。レグルスは、アラビア名で〝小さな王さま〟を意味する。一等星の少ない春の空、たったひとつ黄道上に位置する星である。決して深い理由があって、レグルス文庫と名づけたわけではない。ただ、この文庫に収蔵される一冊一冊の本が、人間精神に豊潤な英知を回復するための〝希望の星〟であってほしいという願いからである。

都会の夜空は、スモッグのために星もほとんど見ることができない。それは、現代文明に、希望の冴えた光が失われつつあることを象徴的に物語っているかのようだ。誤りなき航路を見定めるためには、現代人は星の光を見失ってはならない。だが、それは決して遠きかなたにあるのではない。人類の運命の星は、一人ひとりの心の中にあると信じたい。心の中のスモッグをとり払うことから、私達の作業は始められなければならない。

現代は、幾多の識者によって未曾有の転換期であることが指摘されている。しかし、その表現さえ、空虚な響きをもつ昨今である。むしろ、人類の生か死かを分かつ絶壁の上にあるといった切実感が、人々の心を支配している。この冷厳な現実には目を閉ざすべきではない。まず足元をしっかりと見定めよう。眼下にはニヒリズムの深淵が口をあけ、上には権力の壁が迫り、あたりが欲望の霧につつまれ目をおおうとも、正気をとり戻して、たしかな第一歩を踏み出さなくてはならない。レグルス文庫を世に問うゆえんもここにある。

一九七一年五月

第三文明社

レグルス文庫／既刊

ラーマーヤナ(上)(下)	河田清史
法華経現代語訳(上)(中)(下)	三枝充悳
仏法と医学	川田洋一
仏教史入門	塚本啓祥
唯識思想入門	横山紘一
中国思想史(上)(下)	森三樹三郎
ユングの生涯	河合隼雄
牧口常三郎	熊谷一乗
価値論	牧口常三郎
ガンディーの生涯(上)(下)	K・クリパラーニ 森本達雄訳
中論(上)(中)(下)	三枝充悳
愛と性の心理	高山直子
魯迅の生涯と時代	今村与志雄
精神のエネルギー	ベルクソン 宇波彰訳
内なる世界—インドと日本	カラン・シン 池田大作
一念三千とは何か	菅野博史
法華経の七つの譬喩	菅野博史
牧口常三郎と新渡戸稲造	石上玄一郎
ギタンジャリ	R・タゴール 森本達雄訳
創価教育学入門	熊谷一乗
自我と無意識	C・G・ユング 松代洋一・渡辺学訳
外国文学の愉しみ	辻邦生
思考と運動(上)(下)	ベルクソン 宇波彰訳
21世紀文明と大乗仏教	池田大作
わが非暴力の闘い	ガンディー 森本達雄訳
非暴力の精神と対話	ガンディー 森本達雄訳
よくわかる日本国憲法	竹内重年

レグルス文庫／既刊

第三文明選書／既刊

法華玄義(上)(中)(下)　菅野博史訳注
法華文句(I)～(IV)　菅野博史訳註
一念三千とは何か　菅野博史
マハーバーラタ(上)(中)(下)　C・ラージャーゴーパーラーチャリ　奈良 毅・田中嫺玉訳
詩集　草の葉　W・ホイットマン　富田砕花訳
『ギーター』書簡　ガンディー　森本達雄訳　森本素世子補訂
ジャータカ物語(上)(下)　津田直子
トルストイの生涯　藤沼貴